LES MEILLEURES RECETTES

SMOOTHIES & MOCKTAILS

LAROUSSE

SOMMAIRE

INTRODUCTION

Jus de fruits et smoothies sont tendance. Et pour cause : sains, colorés, savoureux, fantaisistes… ils ont tout pour plaire !

Chaque recette est une fête de saveurs accessibles à tous, grâce à l'abondance des ingrédients disponibles. Prenez plaisir à faire votre marché et découvrez de nouvelles sensations gustatives variant selon les fruits, les légumes, les variétés et les saisons.

Certaines saveurs sont tonifiantes, d'autres beaucoup plus douces. Laissez-vous aussi surprendre par la diversité des textures qui peuvent être granuleuses, crémeuses ou si soyeuses qu'elles semblent fondre sur la langue.

Dans le cadre d'un régime alimentaire sain et équilibré, les nutritionnistes recommandent de consommer au moins 5 fruits et légumes par jour. De plus, faire ses propres jus et smoothies est devenu aujourd'hui un véritable style de vie. Alors n'hésitez plus à installer centrifugeuse et blender sur le plan de travail de votre cuisine pour que la réalisation de jus et de smoothies devienne un geste quotidien de santé et de plaisir !

LES ÉQUIPEMENTS

La puissance des appareils à jus varie de 200 à 1000 W (pour un appareil professionnel). Plus les produits seront difficiles à râper plus il vous faudra un appareil puissant et résistant (jus de navet ou jus de framboise). Choisissez un appareil équipé d'une lame en acier inoxydable et non en aluminium et préférez un modèle dont le réservoir peut recueillir au moins 50 cl de jus.

Les blenders et les mixers : ils permettent d'obtenir smoothies, milk-shakes ou boissons sur glace pilée/broyée selon qu'on place dans le bol yaourt, lait, glaçons ou ingrédients divers. Au lieu d'en extraire le jus, la lame tournant à la base du bol hache et mélange simultanément les produits. Si vous préférez des boissons épaisses, pulpeuses et crémeuses comme les smoothies, un blender vous suffira.

Les centrifugeuses : elles râpent d'abord les végétaux à très haute vitesse puis « essorent » la pulpe obtenue. Les jus coulent d'un côté et la pulpe résiduelle est éjectée dans un récipient séparé.

Les extracteurs : ils broient et malaxent les fruits et végétaux pour casser leurs fibres et leur structure cellulaire afin de libérer les jus avant de les presser. La vitesse beaucoup plus faible évite que les produits ne chauffent et ne perdent ainsi certains nutriments. De plus cette technique diminue l'oxydation, ce qui augmente la durée de conservation des jus. Cette catégorie d'appareils est aussi plus efficace que les centrifugeuses pour les fruits et les légumes fibreux. Le processus préserve davantage de fibres, d'enzymes, de vitamines et de sels minéraux.

Autres équipements utiles : brosse à légumes, broyeur à glace, couteau-Économe, verres mesureurs, passoire fine, presse-agrumes manuels ou électriques, shakers à cocktails, zesteurs et râpes...

LES INGRÉDIENTS

La boisson qui sortira de votre appareil ne sera jamais meilleure que les ingrédients qui y entrent. Soyez donc intransigeant sur la qualité des produits entrant dans la composition de vos jus et smoothies !

FRUITS ET LÉGUMES

N'achetez, si possible, que des produits de saison. Hors saison, vous pouvez bien sûr utiliser des fruits et légumes séchés, surgelés, en bouteille ou en conserve. En pleine saison, rien n'empêche d'acheter des quantités importantes de fruits mûrs juteux au meilleur prix et de les congeler pour les utiliser plus tard.

Plus les fruits seront mûrs, plus leur saveur sera sucrée. Ils donneront aussi davantage de jus. Achetez, si possible, des végétaux issus de la culture biologique. Si vous n'utilisez pas de fruits et légumes bios, pelez-les avant de vous en servir. Dans tous les cas, lavez soigneusement tous les produits.

Pour extraire le jus de fruits durs comme les pommes ou les poires, vous aurez besoin d'une centrifugeuse ou d'un extracteur. Si vous n'en avez pas, il existe de très bons jus dans le commerce.

Pour les fruits tendres (comme les baies), un blender ou un robot de cuisine suffisent pour en faire du jus. N'oubliez pas de dénoyauter les fruits à noyau avant de les presser !

Si vous utilisez des fruits secs, faites-les tremper quelques heures avant dans de l'eau chaude pour les réhydrater.

Pour les racines et légumes cylindriques, il vous faut une centrifugeuse ou un extracteur.

Produits laitiers

Les mêmes règles s'appliquent : achetez les meilleurs produits, bios si possible. Ils apporteront douceur et onctuosité à vos smoothies et milk-shakes.

Vous pouvez opter pour du lait entier, riche et crémeux, ou pour du lait demi-écrémé ou écrémé, si vous voulez une boisson moins calorique. Les laits écrémés contiennent autant de calcium mais moins de matières grasses que les laits entiers.

Tous les types de crèmes (fraîche, liquide ou épaisse, entière ou allégée) peuvent être utilisés dans les recettes gourmandes, mais aussi les yaourts brassés qui sont pauvres en graisses et en calories, les yaourts à la grecque, plus épais que les autres et plus caloriques… Sans oublier les crèmes glacées !

Produits laitiers d'origine végétale

Il existe différents laits d'origine végétale : le lait de coco ; le lait d'amandes, qui a une faible teneur en cholestérol et ne contient pas de sucres ajoutés ; le lait de riz, dont la consistance est plus fluide que le lait de vache et la saveur très douce et qui peut être aromatisé ; le lait de soja ; le lait d'avoine, dont le goût est un peu sucré et la consistance crémeuse…

Vous pouvez aussi utiliser du tofu. Assez insipide, il a plus d'influence sur la texture que sur le goût. La version soyeuse est la plus adaptée pour les boissons.

QUELQUES CONSEILS !

Servez toujours les jus et smoothies bien froids. De plus, ils sont faits pour être servis et bus immédiatement. Leur valeur nutritionnelle décroît à mesure qu'ils sont exposés à l'air et certains jus de fruits et légumes tendent à se séparer très rapidement. Il est donc déconseillé de les conserver plus d'une journée.

Si votre smoothie est trop épais, allongez-le avec de l'eau ou un autre jus de fruit (la pomme marche très bien). S'il est trop liquide, ajoutez-y du yaourt pour lui donner plus de corps. Les boissons trop acides peuvent s'adoucir avec un peu de miel liquide.

Testez différents fruits et légumes pour créer vos propres cocktails. Mais ne mélangez pas trop d'ingrédients dans la même recette, cela la rend trop riche et masque les saveurs individuelles.

Congelez des purées de fruits dans des bacs à glaçons pour en agrémenter ensuite vos boissons. Les fruits surgelés se prêtent admirablement à la réalisation des smoothies.

Présentez bien vos jus et smoothies. L'esthétique n'est probablement pas votre première priorité si vous consommez vos jus et smoothies au petit matin avant de partir au travail, mais si vous avez des amis, il peut être amusant de travailler la présentation de vos créations. Pour cela, jouez sur le choix des verres (évitez tout de même les verres colorés, les jus l'étant déjà bien assez), ajoutez des agitateurs originaux, décorez de tranches de fruits, de spirales de zestes, de baies…

NOTES IMPORTANTES

Chaque recette correspond à un verre ou une portion.

Il est conseillé aux personnes n'ayant pas l'habitude de consommer les jus des fruits et légumes purs de ne pas dépasser deux portions par jour. Quatre verres par jour constituent la dose maximale quotidienne pour les consommateurs réguliers. Pour bénéficier du plus grand nombre de nutriments, variez le plus possible les fruits et légumes utilisés.

Les jus purs de fruits et végétaux servis aux enfants doivent toujours être dilués avec le même volume d'eau. L'eau plate est parfaite pour cet usage, mais on peut aussi se servir de limonade, d'eau gazeuse, de soda ou de lait selon les cas.

Si vous ajoutez des additifs ou produits de phytothérapie, lisez toujours d'abord attentivement les informations fournies par le fabricant pour vérifier s'il n'y a pas de contre-indication vous concernant. En cas de doute, demandez conseil à un médecin ou un pharmacien. Supprimer les suppléments dans les recettes n'affectera ni leur goût ni leur qualité globale. Les personnes âgées, immunodéprimées, malades, souffrant d'affections chroniques, sous traitement médicamenteux, et les femmes enceintes ou allaitantes doivent impérativement se renseigner auprès de leur médecin dans tous les cas avant de prendre des suppléments.

Le jus de betterave ne doit être consommé qu'en petite quantité et jamais bu seul car il peut provoquer nausées et vomissements.

Il est conseillé de consulter son médecin si vous prenez des médicaments et voulez consommer de grandes quantités de jus de pamplemousse.

Ne consommez pas les feuilles de rhubarbe car elles sont toxiques. Il faut toujours faire cuire la rhubarbe avant de l'ajouter à une recette car elle contient une grande quantité d'acide oxalique.

À PROPOS DES RECETTES

- Lavez tous les produits frais avant préparation.

- On trouve dans le commerce des petits œufs (de moins de 45 g), des œufs moyens (de 45 g à 55 g), des gros œufs (de 55 à 65 g) et des extra-gros (de plus de 65 g).

Sauf indication contraire, les œufs utilisés pour les recettes sont de calibre moyen.

- Sauf indication contraire, les cuillerées sont rases.
  1 cuillerée à café = 0,5 cl
  1 cuillerée à soupe = 1,5 cl

TABLEAU INDICATIF DE CUISSON

THERMOSTAT	TEMPÉRATURE
1	30 °C
2	60 °C
3	90 °C
4	120 °C
5	150 °C
6	180 °C
7	210 °C
8	240 °C
9	270 °C
10	300 °C

Ces indications sont valables pour un four électrique traditionnel.
Pour les autres fours, reportez-vous à la notice du fabricant.

TABLEAUX DES ÉQUIVALENCES FRANCE – CANADA

POIDS

55 g	2 onces
100 g	3,5 onces
150 g	5 onces
200 g	7 onces
250 g	9 onces
300 g	11 onces
500 g	18 onces
750 g	27 onces
1 kg	36 onces

Ces équivalences permettent de calculer le poids à quelques grammes près (en réalité, 1 once = 28 g)

CAPACITÉS

25 cl	9 onces
50 cl	17 onces
75 cl	26 onces
1 l	35 onces

Pour faciliter la mesure des capacités,
25 cl équivalent ici à 9 onces (en réalité, 23 cl = 8 onces = 1 tasse)

JUS DE FRUITS

Délice aux cerises

1 pomme évidée
et coupée en quartiers
1 poire évidée
et coupée en quartiers
50 g de cerises dénoyautées

POUR SERVIR
glaçons
brins de menthe fraîche

1 Mixez ensemble les quartiers de pomme et de poire, ainsi que les cerises.

2 Versez dans un verre sur des glaçons. Décorez d'un brin de menthe.

Brise estivale

1 orange pelée
et séparée en quartiers
200 g de grains de raisin rouge
1 poire évidée coupée en quartiers

POUR SERVIR
glaçons
rondelle de citron vert

1 Pressez ensemble orange, poire et grains de raisin.

2 Versez dans un verre sur des glaçons.
Décorez d'une rondelle de citron vert.

Velours rouge

les grains de 1 grenade
débarrassés de leur enveloppe
175 g de framboises
1 cuill. à café d'eau de rose

1 Pressez les grains de grenade avec les framboises.

2 Ajoutez l'eau de rose et mélangez.

3 Servez dans un grand verre.

GOYAVE BUZZ

6 goyaves
10 abricots
2 poires

POUR SERVIR
glace pilée

1 Ouvrez en deux les goyaves et les abricots pour les dénoyauter. Évidez les poires et détaillez-les en quartiers.

2 Mixez ensemble tous les fruits.

3 Versez le jus dans des verres sur de la glace pilée.

PÊCHE D'ENFER

4 mandarines
2 pêches jaunes
1 grenade

POUR SERVIR
fleurs de bourrache (facultatif)

1 Pelez les mandarines. Ouvrez les pêches en deux et enlevez les noyaux. Coupez la grenade en deux et extrayez les graines avec la pointe d'une brochette ou d'un couteau.

2 Pressez les mandarines et les pêches, versez le jus obtenu dans les verres et répartissez-y les grains de grenade. Pour une jolie touche finale, posez éventuellement une fleur de bourrache à la surface de chaque verre.

Crépuscule d'été

les grains de 1 grenade
débarrassés de leur enveloppe
1 orange pelée
et séparée en quartiers

POUR SERVIR
glace pilée
2 cuill. à café
d'eau de fleur d'oranger

1 Pressez les fruits séparément.

2 Versez d'abord le jus de grenade sur la glace pilée.

3 Versez délicatement le jus d'orange par-dessus et ajoutez l'eau de fleur d'oranger.

Lassi à la mangue

10 cl d'eau plate glacée
1 mangue tranchée de chaque côté du noyau et débarrassée de sa peau
1 yaourt nature (125 g)
1 pincée de cannelle

POUR SERVIR
1 lamelle de mangue et 1 bâton de cannelle

1 Placez tous les ingrédients dans le blender et mixez-les en un mélange lisse et homogène.

2 Versez dans un verre et décorez d'un bâton de cannelle et d'une lamelle de mangue.

Réveil grenat

1 orange sanguine pelée
et séparée en quartiers
1 citron vert pelé et coupé en deux
1 fruit de la Passion coupé en deux,
chair prélevée à la cuillère

POUR SERVIR
glaçons ou glace pilée

1 Pressez ensemble l'orange et le citron vert.

2 Ajoutez à ce jus la pulpe du fruit de la Passion.

3 Versez sur la glace dans un verre.

Rosebud

1 pamplemousse rose pelé
et divisé en quartiers
75 g de cranberries, fraîches
ou surgelées
1 pomme évidée et coupée
en quartiers

POUR SERVIR
glaçons ou glace pilée

1 Pressez ensemble pamplemousse et cranberries, puis ajoutez la pomme et pressez de nouveau.

2 Versez sur la glace dans un verre et servez glacé.

Raisins surprise

200 g de grains de raisin rouge
200 g de grains de raisin blanc
1 pomme évidée et coupée en quartiers
6 feuilles de menthe (ou, mieux, de menthe poivrée)

POUR SERVIR
glaçons ou glace pilée

1 Pressez ensemble les grains de raisin et la pomme.

2 Ajoutez les feuilles de menthe. Versez dans un verre sur de la glace.

3 Pour une boisson plus rafraîchissante, diluez avec de l'eau minérale gazeuse.

Rêve de Caraïbes

2 bananes
1 mangue moyenne
1 ananas moyen
20 cl de lait de coco

POUR SERVIR
lamelles d'ananas et de citron vert

1 Pelez les bananes et coupez-les en 3 ou 4 morceaux.

2 Tranchez la mangue de chaque côté du noyau. Pelez chaque moitié et détaillez la chair en morceaux.

3 Pressez ensemble mangue et ananas, versez le jus obtenu dans le blender, ajoutez la banane et le lait de coco, puis mixez en un mélange lisse et homogène.

4 Répartissez dans des verres et décorez de lamelles d'ananas et de citron vert.

BRUME POURPRE

1/2 melon Ogen
ou Gallia d'environ 400 g
1 fruit de la Passion
115 g de myrtilles
175 g de mûres

1 Si vous utilisez un melon Ogen, laissez la peau, mais enlevez celle du Gallia. Détaillez le melon en quartiers en gardant quelques tranches fines pour la décoration. Ouvrez le fruit de la Passion en deux et grattez sa chair avec une cuillère.

2 Pressez ensemble tous les fruits, y compris les graines du fruit de la passion. Servez dans des verres et décorez de lamelles de melon.

Pink Lady

1 pamplemousse rose pelé
1 pamplemousse jaune pelé
1 poignée de cranberries

1 Pressez les pamplemousses.

2 Mixez les cranberries.

3 Mélangez les jus obtenus et versez le tout dans un verre.

Passion entre-deux

2 oranges pelées
et séparées en quartiers
1 banane pelée
la pulpe de 1 fruit de la Passion grattée
à la cuillère

1 Pressez les oranges.

2 Mixez le jus obtenu avec la banane, puis incorporez la pulpe du fruit de la Passion.

Matin ensoleillé

3 glaçons
1 poire évidée, pelée et coupée en morceaux
3 abricots dénoyautés et coupés en morceaux
1 nectarine dénoyautée et coupée en morceaux
10 cl de jus de poire

POUR SERVIR
tranches de nectarine et d'abricot

1 Placez les glaçons dans le blender et hachez-les, puis ajoutez les autres ingrédients et mixez en un mélange lisse et homogène.

2 Transférez dans un verre et garnissez de tranches de nectarine et d'abricot.

Amour d'ananas

4 glaçons
1 poire pelée, évidée et coupée en quartiers
1/2 ananas moyen pelé, cœur et yeux enlevés, coupé en cubes
8 belles feuilles de menthe

POUR SERVIR
brins de menthe

1 Placez les glaçons dans le blender et hachez-les, puis ajoutez les autres ingrédients et mixez en un mélange lisse et homogène.

2 Transférez dans un verre et garnissez de brins de menthe.

Melon magique

350 g de melon d'Antibes pelé, épépiné
et coupé en morceaux
2 kiwis pelés et coupés en quartiers
4 litchis pelés et dénoyautés

POUR SERVIR
kiwis coupés en deux

1 Placez tous les ingrédients dans le blender et mixez-les en un mélange lisse et homogène.

2 Versez dans un verre et servez glacé, accompagné de demi-kiwis.

Soie écarlate

75 g de fraises équeutées
75 g de framboises
75 g de mûres
15 cl de jus de pomme

POUR SERVIR
glace pilée
framboises et mûres entières

1 Placez tous les fruits dans le blender avec le jus de pomme et mixez en un mélange lisse et homogène.

2 Transférez dans des verres et décorez de framboises et de mûres.

Pastèque plaisir

450 à 500 g de pastèque épépinée et coupée en morceaux
1 citron vert pelé et coupé en deux
les sommités de 1 brin de romarin frais

POUR SERVIR
glaçons
cubes de melon
1 brin de romarin frais

1 Placez la pastèque, le citron vert et le romarin dans le blender, puis mixez le tout en un mélange lisse et homogène.

2 Versez sur des glaçons dans un verre et décorez de cubes de melon et d'un brin de romarin.

Explosion aux baies

150 g de mûres
150 g de myrtilles
1 banane pelée et coupée en morceaux
20 cl de jus de pomme

POUR SERVIR
glaçons
mûres et myrtilles entières

1 Placez les fruits avec le jus de pomme dans le blender et mixez en un mélange lisse et homogène.

2 Versez dans un verre sur des glaçons et décorez de mûres et de myrtilles.

Désir de cranberries

15 cl de jus d'orange frais
1 yaourt nature (125 g)
110 g de cranberries
150 g de framboises

POUR SERVIR
glaçons
brins de menthe fraîche

1 Placez le jus d'orange et le yaourt dans le blender, ajoutez les baies et mixez le tout en un mélange lisse et homogène.

2 Versez dans un grand verre sur des glaçons et décorez de brins de menthe.

Kiwi câlin

2 kiwis pelés et coupés en quartiers
le jus de 1/2 citron vert
175 g de fraises équeutées
125 g de yaourt de soja à la fraise
10 cl de lait de soja

POUR SERVIR
glaçons
rondelle de kiwi

1 Placez les kiwis, le jus de citron vert, les fraises, le yaourt et le lait de soja dans le blender, puis mixez le tout en un mélange lisse et homogène.

2 Versez dans un verre sur des glaçons et décorez d'une rondelle de kiwi.

Passion papaye

1 yaourt (125 g)
1 papaye pelée, graines enlevées
1/2 ananas moyen pelé, cœur et yeux enlevés, coupé en cubes
1,5 cm de gingembre frais pelé et haché

POUR SERVIR
glaçons

1 Versez d'abord le yaourt dans le blender, puis ajoutez la papaye, l'ananas et le gingembre. Mixez le tout en un mélange lisse et homogène.

2 Versez dans un verre sur des glaçons.

Baies brumeuses

4 glaçons
150 g de cranberries
150 g de myrtilles
10 cl de jus de poire

POUR SERVIR
cranberries
et myrtilles entières

1 Hachez les glaçons dans le blender.

2 Ajoutez les autres ingrédients et mixez le tout en un mélange lisse et homogène.

3 Versez dans un verre et servez glacé, décoré de cranberries et de myrtilles.

Joyaux

les grains de 1 grenade débarrassés de leur enveloppe
1 fruit de la Passion coupé en deux, chair extraite à la cuillère
3 cuill. à soupe de yaourt

POUR SERVIR
grains de grenade

1 Mixez soigneusement les grains de grenade, puis passez-les dans une passoire à tamis fin.

2 Mélangez avec la pulpe de fruit de la Passion et le yaourt.

3 Servez dans un verre et décorez de grains de grenade.

Rêve de cocotiers

2 poignées de fraises équeutées
1 banane pelée
2 cuill. à soupe de lait de coco
4 glaçons

POUR SERVIR
lamelles de noix de coco fraîche (facultatif)

1 Passez les fraises à la centrifugeuse pour en extraire le jus. Versez-le dans le blender avec la banane, le lait de coco et la glace. Mixez longuement.

2 Servez en décorant éventuellement la surface de lamelles de noix de coco fraîche.

FRUITS ET LÉGUMES

Vert comme l'herbe

150 g de carottes
2 pommes
1 poignée d'herbe de blé
(50 g environ)

1 Ôtez les extrémités des carottes et coupez-les en tronçons. Équeutez les pommes avant de les détailler en quartiers. Si les tiges d'herbe de blé sont longues, tronçonnez-les avec des ciseaux.

2 Mettez tous les ingrédients dans une centrifugeuse pour en extraire le jus et répartissez le mélange dans des verres.

À VOS MARQUES

3 pommes
115 g de feuilles d'épinards
1 poivron vert
1 branche de céleri avec les feuilles
1 cm de gingembre

1 Équeutez les pommes et coupez-les en quartiers. Recoupez les grandes feuilles d'épinards. Émincez le poivron en laissant les graines. Coupez le céleri en courts tronçons et émincez le gingembre sans le peler.

2 Mettez tous les ingrédients dans une centrifugeuse pour en extraire le jus. Versez dans des verres et servez.

GÉANT ROUGE

2 pommes
150 g de chou rouge
2 branches de céleri avec les feuilles
1 betterave rouge crue d'environ 150 g

POUR SERVIR
glaçons
lamelles de pomme

1 Équeutez les pommes et coupez-les en quartiers. Déchiquetez le chou rouge ou coupez-le en morceaux assez petits pour passer dans le tube d'alimentation de l'extracteur. Détaillez le céleri en courts tronçons et la betterave en petits morceaux.

2 Passez les pommes, le chou, le céleri et la betterave dans l'extracteur pour en récupérer le jus.

3 Versez dans des verres à demi remplis de glaçons ou de glace pilée. Décorez de lamelles de pomme et servez.

VÉGÉTALIA

1 grosse patate douce
1 pomme
200 g de carottes
6 petites tiges ou
75 g de fleurettes de brocolis

POUR SERVIR
feuilles de menthe fraîche

1 Coupez la patate douce en morceaux sans la peler. Équeutez la pomme et coupez-la en quartiers. Détaillez les carottes en tronçons après avoir enlevé les extrémités.

2 Passez la patate douce, la pomme, les carottes et le brocoli dans l'extracteur pour en récupérer le jus.

3 Versez dans des verres et décorez de feuilles de menthe.

Rouge écarlate

1 endive
1 carotte, extrémités enlevées, hachée en petits dés
1 poivron rouge équeuté, graines enlevées, haché en dés

1 Passez ensemble l'endive et les morceaux de carotte et de poivron dans l'extracteur.

2 Mélangez le jus obtenu et versez-le dans un grand verre.

Butternut et érable

300 g de courge butternut
pelée et hachée
1 cuill. à café de sirop d'érable
1 cuill. à soupe de sommités
de thym frais
10 cl de lait entier

1 Passez la courge dans l'extracteur pour en récupérer le jus.

2 Mixez ce dernier avec le reste des ingrédients dans le blender. Buvez immédiatement pendant que les miettes de thym sont en suspension.

Délice mangue-carottes

10 cl de jus d'orange frais
la chair de 1 mangue, tranchée de chaque côté du noyau et pelée
75 g de carottes nettoyées et coupées en petits morceaux

POUR SERVIR
glace pilée
tranche de mangue

1 Mixez le jus d'orange et la mangue dans le blender. Ajoutez les carottes et mixez de nouveau le tout en un mélange lisse et homogène.

2 Versez dans un verre sur de la glace pilée et décorez d'une tranche de mangue.

Jus d'Halloween

400 g de potiron
2 grosses oranges

POUR SERVIR
graines de potiron
légèrement grillées

1 Pelez le morceau de potiron et retirez la chair fibreuse contenant les graines. Découpez la chair en petits morceaux pour pouvoir la pousser facilement dans l'extracteur. Pelez les oranges et séparez les quartiers.

2 Passez ensemble le potiron et les quartiers d'orange dans l'extracteur. Versez le jus obtenu dans des verres.

3 Saupoudrez la surface de graines de potiron grillées et servez immédiatement.

BRUME ROUGE

150 g de chou rouge
1 grosse poire
225 g de carottes

POUR SERVIR
chou rouge en fines lanières
carotte râpée

1 Supprimez les feuilles externes décolorées du chou, ainsi que les parties dures comme le cœur. Déchiquetez le chou ou coupez-le en morceaux assez petits pour être introduits dans l'orifice de l'extracteur. Équeutez la poire avant de la détailler en quartiers ou en tranches. Après avoir débarrassé les carottes de leurs extrémités, coupez-les en tronçons.

2 Passez le chou, la poire et les carottes dans l'extracteur. Versez le jus obtenu dans des verres. Garnissez de lanières de chou et de carotte râpée.

Betterave-carotte vitaminé

225 g de carottes
1 betterave moyenne
115 g de cresson
1 cm de gingembre

1 Supprimez les extrémités des carottes puis hachez-les. Coupez la betterave en petits morceaux (gardez les petites feuilles pour décorer) et supprimez toutes les feuilles jaunies du cresson. Émincez le gingembre sans le peler (sauf si la peau est flétrie).

2 Extrayez le jus des légumes et du gingembre, puis versez le mélange dans de petits verres. Servez décoré avec les feuilles de betterave réservées.

Chaud devant

2 petites betteraves crues avec les feuilles
1 branche de céleri avec les feuilles
2 gousses d'ail pelées
2 carottes, extrémités enlevées

1 Passez tous les ingrédients dans l'extracteur pour en récupérer le jus.

2 Mélangez bien avant de déguster.

Terracotta

1 patate douce
coupée en gros cubes
1 orange pelée et
coupée en deux
1 banane pelée

1 Passez la patate douce et l'orange dans l'extracteur.

2 Mixez le jus obtenu avec la banane et servez.

Céleri épicé

1/2 céleri-rave bien brossé
et coupé en gros morceaux
3 tiges de céleri nettoyées
1 pincée de safran infusée dans
1 cuill. à café d'eau chaude

1 Extrayez séparément le jus du céleri-rave et celui des tiges de céleri.

2 Mixez les jus obtenus puis incorporez l'infusion de safran (avec les pistils).

SCARLETT LADY

250 g de tomates bien mûres
coupées en quartiers
8 belles feuilles de basilic
3 oignons nouveaux nettoyés
1 poivron rouge coupé
en deux et vidé

POUR SERVIR
glace pilée
feuilles de basilic frais
sel et poivre

1 Placez les tomates, le basilic, les oignons et le poivron dans le blender et mixez-les en un mélange lisse et homogène.

2 Versez dans un verre sur de la glace et décorez de feuilles de basilic. Vous pouvez assaisonner en sel et poivre à votre goût.

CAROTTE-AVOCAT MOUSSEUX

250 g de carottes nettoyées
1/2 avocat pelé, dénoyauté
et coupé en morceaux
110 g de germes de soja
1 yaourt (125 g)

POUR SERVIR
glaçons
bâtonnets de carotte

1 Extrayez le jus des carottes. Versez-le dans le blender, ajoutez l'avocat, les germes de soja et le yaourt, puis mixez le tout en un mélange lisse et homogène.

2 Versez dans un verre sur des glaçons et décorez de bâtonnets de carotte.

Pourpre crémeux

2 petites betteraves, extrémités enlevées
10 cl de yaourt
1 cuill. à café de graines de moutarde

POUR SERVIR
graines de moutarde

1 Extrayez le jus des betteraves, puis mixez-le avec les autres ingrédients.

2 Versez le mélange dans un verre, saupoudrez de graines de moutarde et servez aussitôt.

Folie flamenca

22 cl d'eau plate glacée
2 poivrons rouges équeutés, graines enlevées, coupés en quartiers et grillés
1 yaourt (125 g)
50 g de tomates séchées hachées
sel et poivre

POUR SERVIR
glaçons
feuilles de basilic frais

1 Versez d'abord l'eau dans le blender, puis ajoutez les quartiers de poivron, le yaourt, les tomates. Assaisonnez, puis misez en un mélange homogène.

2 Versez dans un verre sur des glaçons et décorez de feuilles de basilic.

Bonheur de betterave

125 g de betterave rouge cuite
et coupée en morceaux
1 yaourt (125 g)
1 gousse d'ail pelée et hachée
10 g de ciboulette fraîche ciselée
10 cl de jus de pomme frais

POUR SERVIR
brins de ciboulette

1 Placez tous les ingrédients ensemble dans le blender et mixez-les en un mélange lisse et homogène.

2 Versez dans un verre et décorez de brins de ciboulette.

JADE GINGEMBRE

1/2 melon d'eau pelé et épépiné
2 branches de céleri nettoyées
1 cm de gingembre frais pelé

1 Extrayez d'abord le jus du melon.

2 Passez ensuite ensemble le céleri et le gingembre dans l'extracteur.

3 Mélangez tous les jus dans un grand verre.

AVOCAT GLACÉ

1/4 de laitue, feuilles externes enlevées
1 citron vert pelé
1/4 de concombre
1/2 avocat pelé et dénoyauté
1 cuill. à café de wasabi (facultatif)
3 glaçons

1 Passez le quart de laitue, le citron vert et le concombre dans l'extracteur pour récupérer le jus.

2 Transférez dans un blender et mixez avec l'avocat et, éventuellement, le wasabi.

3 Servez sur des glaçons.

Agent orange

1/2 papaye d'environ 300 g
3 grosses oranges
2 branches de céleri

POUR SERVIR
lamelles ou rondelles d'orange
feuilles de céleri

1 Supprimez les pépins de la papaye et hachez la chair sans la peler. Pelez les oranges et séparez les quartiers. Coupez le céleri en petits tronçons.

2 Mettez la papaye, les oranges et le céleri dans une centrifugeuse pour en extraire le jus.

3 Versez le mélange dans des verres. Décorez de rondelles d'orange et de feuilles de céleri. Servez aussitôt.

Alerte rouge

750 g de tomates mûres
85 g de carottes
1 branche de céleri avec les feuilles

POUR SERVIR
bâtonnets de carotte ou de céleri

1 Coupez les tomates en deux. Détaillez les carottes en morceaux après avoir ôté les extrémités. Coupez le céleri en bâtonnets de 5 cm de long.

2 Mettez tous les légumes ensemble dans une centrifugeuse. Versez le jus obtenu dans des verres. Décorez d'un bâtonnet de céleri ou de carotte il servira à mélanger les jus (qui se séparent très vite) juste avant de boire.

Couleur concombre

200 g de concombre
110 g de bulbe de fenouil débarrassé des feuilles extérieures et coupé en morceaux
150 g d'asperges tendres nettoyées

POUR SERVIR
glaçons
frondes de fenouil

1 Mettez ensemble le concombre, le fenouil et les asperges dans une centrifugeuse pour en extraire le jus.

2 Versez le mélange obtenu dans un grand verre, sur des glaçons. Garnissez de frondes de fenouil.

Fraîcheur thaïe

2 carottes, extrémités enlevées
1 bouquet de coriandre fraîche
12 cl de lait de coco

1 Extrayez le jus des carottes.

2 Mixez-le avec la coriandre et le lait de coco.

RÉGÉNÉRANT

6 radis avec leurs feuilles
1 citron pelé
3 carottes, extrémités enlevées

1 Passez tous les ingrédients dans l'extracteur pour récupérer le jus.

2 Mélangez bien et servez dans un grand verre.

Carotte frappée

175 g de carottes
2 branches de céleri nettoyées
1 pomme évidée et coupée en quartiers

POUR SERVIR
glace pilée

1 Mettez ensemble les carottes, le céleri et la pomme dans une centrifugeuse pour en extraire le jus.

2 Versez dans un verre sur de la glace pilée et servez.

DÉTOX ET ÉNERGIE

Autofocus

2 citrons pelés
1 cm de gingembre frais pelé
20 cl d'infusion
de camomille glacée

1 Extrayez ensemble les jus de citron et de gingembre.

2 Ajoutez la camomille et mélangez.

Tendre fenouil

1/2 bulbe de fenouil
sans la partie extérieure
2 pommes coupées en deux
et évidées
1 pincée de gingembre moulu

1 Passez séparément le fenouil et les pommes à la centrifugeuse pour en extraire le jus.

2 Versez du jus de fenouil dans le jus de pomme à votre goût. Saupoudrez de gingembre moulu et mélangez bien.

SOUFFLE LUMINEUX

40 g de cresson
115 g de chou vert
1 pomme
1 poivron orange
1 cuill. à soupe de persil frais ciselé

1 Supprimez les feuilles jaunies du cresson. Hachez grossièrement les feuilles de chou. Équeutez la pomme et coupez-la en quartiers. Émincez le poivron en laissant les pépins.

2 Mettez dans une centrifugeuse le cresson, le chou, la pomme et le poivron pour en extraire le jus.

3 Incorporez le persil, versez dans des verres et servez.

Plein la vue

1 carotte
2 tiges de céleri hachées
1 petit bulbe de fenouil

1 Éliminez les extrémités de la carotte avant de la hacher grossièrement. Détaillez en tronçons la tige de céleri. Coupez en deux le bulbe de fenouil après avoir retiré la partie extérieure dure.

2 Mettez tous les légumes dans une centrifugeuse pour en extraire le jus. Mélangez bien et servez.

Coup de fouet

1 poivron jaune
équeuté et égrené
1 poivron rouge
équeuté et égrené
1 piment rouge
sans membranes ni graines
1 botte d'épinards, tiges dures enlevées
et feuilles hachés

1 Extrayez d'abord le jus du poivron jaune.

2 Extrayez ensuite ensemble le jus du poivron rouge et du piment.

3 Extrayez enfin le jus des épinards.

4 Versez tous les jus dans un verre, sans les mélanger. Remuez avant de boire.

ŒIL DE LYNX

225 g de carottes
1 pomme
2 oranges
2 cuill. à soupe de persil frais ciselé

1 Coupez les carottes en petits morceaux après avoir éliminé les extrémités. Équeutez la pomme et coupez-la en quartiers. Ôtez le zeste des oranges avec un épluche-légumes.

2 Mettez dans une centrifugeuse les carottes, la pomme et les oranges pour en extraire le jus. Versez dans des verres et saupoudrez de persil ciselé.

Lueur dorée

4 abricots
1 mangue moyenne
2 pêches
2 grosses oranges

POUR SERVIR
zeste d'orange émincé en julienne

1 Ouvrez les abricots en deux et dénoyautez-les. Coupez la mangue en deux de part et d'autre du noyau et récupérez la chair après avoir éliminé la peau. Dénoyautez les pêches et coupez-les en tranches. Pelez les oranges et détaillez-les en morceaux.

2 Mettez tous les fruits dans une centrifugeuse pour en extraire le jus. Versez ce dernier dans des verres et décorez de zestes d'orange.

Détox printanière

2 carottes moyennes
1/4 de concombre (125 g environ)
1 petite betterave (75 g environ)
2 tiges de céleri avec les feuilles

POUR SERVIR
glace pilée
brins d'aneth frais

1 Ôtez les extrémités des carottes. Coupez en petits morceaux les carottes, le concombre, la betterave et le céleri.

2 Mettez tous les légumes dans une centrifugeuse pour en extraire le jus.

3 Servez sur de la glace pilée et décorez de brins d'aneth.

DÉTENTE MATINALE

2 poires évidées
et coupées en quartiers
1 pomme évidée
et coupée en quartiers
8 prunes dénoyautées

1 Mettez les quartiers de pomme et de poire dans une centrifugeuse pour en extraire le jus.

2 Transférez dans le blender et ajoutez les prunes. Mixez longuement.

Betterave Party

1 petite betterave
200 g de carottes
1 pomme de terre (225 g environ)
4 radis

POUR SERVIR
1 carotte coupée en julienne

1 Coupez la betterave en petits morceaux. Ôtez les extrémités des carottes puis coupez-les en petits morceaux. Sans la peler, coupez la pomme de terre en morceaux assez petits pour entrer dans l'orifice de l'extracteur. Ôtez les extrémités des radis.

2 Mettez tous les légumes dans l'extracteur pour en récupérer le jus. Versez dans des verres et servez garni de julienne de carotte.

Rubis orange

1 petite betterave
3 grosses oranges

1 Coupez la betterave en petits morceaux. Pelez les oranges et séparez les quartiers.

2 Mettez le tout dans l'extracteur pour en récupérer le jus. Versez dans des verres et servez.

Recharge orange

3 carottes, extrémités coupées
1 orange pelée
2 cuill. à café de spiruline en poudre
1 cuill. à café de graines de sésame

1 Extrayez ensemble le jus des carottes et de l'orange.

2 Saupoudrez de spiruline et de graines de sésame.

Cueille-moi

2 oranges pelées
8 feuilles de menthe fraîches
1 citron vert pelé
1 fruit de la Passion coupé en deux, pulpe extraite à la cuillère

POUR SERVIR
1 brin de menthe

1 Mettez les oranges, la menthe et le citron vert dans une centrifugeuse pour en extraire le jus.

2 Incorporez à ce mélange la pulpe de fruit de la Passion et décorez avec le brin de menthe.

Poivron plus

1 poivron rouge
1 carotte moyenne
1 orange moyenne

1 Émincez le poivron sans enlever les graines. Ôtez les extrémités de la carotte puis tranchez-la en petits morceaux. Retirez le zeste de l'orange avec un épluche-légumes, puis coupez le fruit en morceaux.

2 Mettez le poivron, la carotte et l'orange dans une centrifugeuse pour en extraire le jus. Versez dans des verres et servez.

EXPLOSION AUX PRUNES

4 grosses prunes dénoyautées
1 pêche
2 tiges de céleri avec les feuilles
2 carottes moyennes

1 Faites tremper les prunes pendant 1 heure dans 10 cl d'eau bouillante, puis mixez-les dans le blender avec leur eau de trempage. Ouvrez la pêche et dénoyautez-la. Coupez le céleri en courts tronçons. Ôtez les extrémités de la carotte et coupez-la en morceaux.

2 Mettez la pêche, le céleri et les carottes dans une centrifugeuse pour en extraire le jus. Incorporez ensuite la purée de prunes en remuant ou en fouettant.

3 Versez dans des verres et servez.

Cresson zen

2 nashis (ou 2 poires)
200 g de melon à chair blanc-vert, Gallia ou Ogen
75 g de cresson

1 Ôtez la queue des nashis et coupez-les en quartiers. Pelez le melon si la peau est dure et détaillez la chair en morceaux sans enlever les pépins. Éliminez les feuilles jaunies du cresson.

2 Mettez les nashis, la chair du melon et le cresson dans une centrifugeuse pour en extraire le jus. Versez dans des verres et servez.

FLUSH ROYAL

1 carotte
1 betterave crue avec ses feuilles
1 pomme, vidée et coupée
en morceaux
2 cm de gingembre frais pelé
1/2 citron vert pelé

1 Ôtez les extrémités de la carotte puis tranchez-la en petits morceaux. Évidez la pomme et coupez-la en morceaux.

2 Mettez tous les ingrédients dans une centrifugeuse pour en extraire le jus. Mélangez et servez.

Baies glacées

1 pomme
75 g de cassis
75 g de myrtilles
75 g de mûres

POUR SERVIR
glaçons

1 Coupez la pomme en quartiers. Égrappez les cassis.

2 Mettez tous les fruits dans une centrifugeuse pour en extraire le jus. Versez sur des glaçons et servez.

Uppercut

2 bottes d'épinards
2 tiges de céleri avec les feuilles
1 gousse d'ail pelée
1 pincée de piment de Cayenne en poudre
15 cl d'eau plate

1 Déchiquetez les grandes feuilles des épinards et éliminez les tiges trop dures.

2 Mettez les épinards, le céleri et l'ail dans une centrifugeuse pour en extraire le jus.

3 Ajoutez l'eau et assaisonnez à votre goût en piment de Cayenne.

Hâle doré

450 g de rhubarbe
1 grosse orange
2 carottes moyennes
1 cm de gingembre frais
eau plate (facultatif)

1 Coupez la rhubarbe en petits tronçons en supprimant toutes les feuilles, qui sont toxiques. Pelez l'orange et coupez-la en morceaux. Détaillez les carottes en morceaux après avoir ôté les extrémités. Émincez le gingembre sans le peler.

2 Mettez ensemble la rhubarbe, l'orange, les carottes et le gingembre dans une centrifugeuse pour en extraire le jus.

3 Versez dans des verres et diluez avec un peu d'eau si vous trouvez la consistance trop épaisse.

Vive le vert

2 bottes de cresson (200 g environ)
100 g de feuilles d'épinards
2 pommes
2 tiges de céleri avec les feuilles

1 Supprimez toutes les feuilles jaunes du cresson et déchiquetez les grandes feuilles des épinards. Équeutez les pommes et détaillez-les en quartiers. Coupez le céleri en cubes.

2 Réservez quelques brins de cresson pour décorer.

3 Extrayez ensemble les jus de tous les ingrédients, en procédant par petites quantités pour obtenir le maximum de liquide du cresson et des épinards.

4 Versez dans des verres et décorez avec le cresson réservé.

Vert feuille

2 tiges de céleri avec les feuilles
1 pomme
125 g de romaine
75 g de feuilles d'épinards
75 g de pois gourmands

1 Coupez le céleri en petits tronçons. Équeutez la pomme avant de la détailler en quartiers. Déchiquetez grossièrement les feuilles de romaine et les grandes feuilles d'épinards.

2 Mettez tous les ingrédients dans une centrifugeuse pour en extraire le jus. Versez dans des verres et servez.

Cordial corail

2 pommes évidées et coupées en quartiers
1 poignée de framboises
1 poignée de fraises équeutées
10 gouttes d'extrait de ginseng

1 Mettez les pommes dans une centrifugeuse pour en extraire le jus.

2 Mixez ce dernier avec les framboises et les fraises.

3 Incorporez l'extrait de ginseng et mélangez bien.

Nectar toscan

2 poignées de raisin
(environ 30 grains)
2 figues fraîches équeutées
et coupées en deux
le jus de 1/2 citron

1 Extrayez d'abord le jus des grains de raisin, puis celui des figues.

2 Incorporez le jus de citron et servez.

Rouge tendre

2 poignées de framboises fraîches
ou surgelées
2 poignées de cranberries fraîches
ou surgelées
1/2 tige de citronnelle nettoyée
et hachée
1 cuill. à soupe d'extrait de fleurs
de sureau
20 cl d'eau (plate ou gazeuse)

1 Mettez tous les framboises, les cranberries et la citronnelle dans une centrifugeuse pour en extraire le jus.

2 Diluez l'extrait de fleurs de sureau dans l'eau et versez ce mélange sur le jus obtenu. Remuez.

Doux rempart

2 nectarines dénoyautées
1 pêche dénoyautée
5 fraises équeutées
5 gouttes d'extrait d'échinacée

1 Mettez les nectarines et la pêche dans une centrifugeuse pour en extraire le jus.

2 Versez dans le blender, ajoutez les fraises et l'extrait d'échinacée, puis mixez le tout en un mélange homogène.

RELAXANTS

AU PIED DES MÛRES

2 poignées de mûres
2 pommes évidées
et coupées en quartiers
1 pincée de cannelle en poudre

1 Passez les mûres et les pommes à la centrifugeuse pour en extraire le jus.

2 Incorporez la cannelle en poudre. Servez froid ou tiédi à feu doux.

Douceur d'érable

3 prunes dénoyautées
2 pincées de cannelle en poudre
6 cuilll. à soupe de yaourt
2 cuill. à soupe de sirop d'érable

1 Passez les prunes à la centrifugeuse pour en extraire le jus.

2 Versez dans un blender, ajoutez les autres ingrédients et mixez.

Baies des anges

115 g de fraises
115 g de framboises
115 g de mûres
115 g de myrtilles

POUR SERVIR
quelques baies entières

1 Mettez toutes les baies dans une centrifugeuse pour en extraire le jus.

2 Versez dans des verres et servez décoré de baies diverses.

Lune de miel

glace pilée
1 portion de jus de pomme
1 portion de jus d'orange frais
1 citron vert
2 cuill. à café de miel liquide

POUR SERVIR
zeste d'orange
cerises au marasquin

1 Placez 1 cuillerée de glace pilée dans un shaker à cocktails, ajoutez le jus d'orange, le jus de pomme et le miel, puis pressez le citron vert sur ce mélange.

2 Agitez vivement puis versez dans deux flûtes à champagne. Garnissez d'une spirale de zeste d'orange et d'une cerise.

PERFECTION PACIFIQUE

1/4 d'ananas pelé
1/2 mangue pelée et dénoyautée
la pulpe de 2 fruits de la Passion extraite à la cuillère

1 Détaillez la mangue et l'ananas en gros morceaux, puis mettez ces derniers dans une centrifugeuse pour en extraire le jus.

2 Incorporez la pulpe de fruit de la Passion. Versez dans des verres.

DÉCOMPRESSION

115 g de feuilles d'épinards
2 poires
50 g de cresson

POUR SERVIR
brins de cresson

1 Déchiquetez les plus grandes feuilles des épinards. Équeutez les poires et coupez-les en quartiers. Supprimez les feuilles jaunies du cresson.

2 Mettez tous les ingrédients dans une centrifugeuse pour en extraire le jus.

3 Versez dans des verres. Servez garni de brins de cresson.

DÉTENTE AUX FIGUES

1 orange pelée
2 figues fraîches équeutées et ouvertes en deux
les graines de 1 gousse de vanille
6 cuill. à soupe de yaourt
2 cuill. à café de miel

1 Pressez l'orange.

2 Versez le jus obtenu dans le blender, ajoutez le reste des ingrédients et mixez (n'utilisez que les graines de la gousse de vanille et placez celle-ci dans du sucre en poudre pour parfumer vos pâtisseries).

3 Servez aussitôt dans des verres.

MELON-PASTÈQUE

1/2 melon charentais
1/2 petite pastèque (650 g environ)
1 petit citron ou 1/2 gros

POUR SERVIR
feuilles de menthe ciselées
glaçons (facultatif)

1 Coupez le melon et la pastèque en morceaux en laissant la peau et les pépins (réservez quelques dés de pastèque pour la décoration). Ouvrez le citron en deux pour ôter les pépins.

2 Mettez le melon et la pastèque dans une centrifugeuse pour en extraire le jus. Incorporez du jus de citron à votre goût. Versez dans des verres glacés ou sur des glaçons, garnissez de dés de pastèque et décorez de feuilles de menthe.

NUIT CÂLINE

2 pommes
1 citron
1 orange
1 petit morceau de bâton de cannelle
eau chaude
1 ou 2 cuill. à café de miel liquide

POUR SERVIR
rondelles d'orange
fines tranches de pommes

1 Équeutez la pomme et coupez-la en quartiers. Retirez le zeste des agrumes avec un épluche-légumes puis détaillez leur chair en morceaux. Passez tous les fruits à la centrifugeuse pour en extraire le jus. Réservez.

2 Au moment de servir, versez le jus dans un verre ou dans un mug jusqu'à mi-hauteur, ajoutez le morceau de cannelle et complétez avec de l'eau chaude. Sucrez à votre goût avec le miel. Servez garni de tranches de pomme et de rondelles d'orange. Enlevez la cannelle avant de boire.

Fleur orangée

2 abricots dénoyautés
2 pêches dénoyautées
eau de fleur d'oranger

1 Extrayez ensemble le jus des abricots et des pêches.

2 Ajoutez un bouchon d'eau de fleur d'oranger et mélangez.

Convalescence

2 poignées de grains de raisin
1 papaye pelée et épépinée
1/2 citron

1 Extrayez le jus des grains de raisin et de la papaye.

2 Pressez le demi-citron sur le jus obtenu et remuez.

SAUGE-CITRON

2 oranges pelées
1 citron pelé
6 feuilles de sauge fraîche
4 glaçons

1 Passez les oranges, le citron et la sauge à la centrifugeuse pour en extraire le jus.

2 Versez sur les glaçons et servez.

KEEP COOL

1/2 concombre
100 g de carottes
1 tige de céleri avec les feuilles
1/2 ananas (environ 400 g non pelé)

POUR SERVIR
feuilles d'ananas
feuilles de céleri

1 Coupez le concombre en morceaux. Ôtez les extrémités des carottes. Hachez grossièrement les carottes et le céleri, feuilles comprises. Pelez l'ananas et coupez-le en morceaux.

2 Mettez les légumes et l'ananas dans une centrifugeuse pour en extraire le jus. Versez dans des verres et servez décoré de feuilles d'ananas et de feuilles de céleri.

No stress

175 g de feuilles de chou vert
225 g de panais
1 petite patate douce
glaçons (facultatif)

1 Déchiquetez les feuilles de chou en morceaux assez petits pour passer dans l'orifice de l'extracteur. Détaillez de la même manière le panais et la patate douce (inutile de les peler s'ils sont bios).

2 Extrayez ensemble les jus des légumes.

3 Versez dans des verres glacés ou garnis de glaçons.

LAIT SAFRANÉ

1 pincée de safran infusée dans
1 cuill. à café d'eau chaude
1 banane pelée
12 cl de lait entier

1 Mixez tous les ingrédients ensemble dans un blender.

2 Servez dans un grand verre.

Calorifère

2 poires évidées
et coupées en quartiers
1 pomme évidée
et coupée en quartiers
2 étoiles d'anis

1 Extrayez le jus des fruits et versez-le dans une casserole.

2 Ajoutez l'anis étoilé. Portez lentement à ébullition, puis laissez infuser. Versez dans un verre et servez chaud.

CAMOMILLE

20 cl d'infusion de camomille
(2 sachets d'infusion)
1 papaye pelée et épépinée

POUR SERVIR
glaçons

1 Mettez la camomille infusée et la papaye dans le blender, puis mixez en un mélange homogène.

2 Versez dans des verres sur des glaçons.

Poire parfaite

2 poires évidées
et coupées en deux
1 cuill. à soupe
de pignons de pin

1 Passez les poires à la centrifugeuse pour en extraire le jus.

2 Grillez à sec les pignons de pin dans une poêle pour les dorer légèrement puis mixez-les avec le jus des poires.

3 Servez dans de grands verres.

Orangeville

1 pamplemousse
1 orange
1/2 citron jaune
1/2 citron vert

1 Pelez les agrumes et coupez-les en morceaux.

2 Mettez tous les fruits dans la centrifugeuse pour en extraire le jus.

3 Versez dans des verres et remuez.

Tomate tonique

4 tomates équeutées
1 gousse d'ail pelée
6 feuilles de sauge fraîche
3 glaçons

1 Extrayez ensemble les jus des tomates, de l'ail et de la sauge.

2 Mélangez bien et versez sur les glaçons.

Citron relaxant

2 gros citrons
2 ou 3 cuill. à soupe de sucre
eau plate
4 à 8 cuill. à café de sorbet citron

1 Coupez les citrons en morceaux et placez-les dans un blender avec 2 cuillerées à soupe de sucre en poudre. Mixez en un mélange lisse et homogène.

2 Transvasez dans un verre mesureur en pressant le maximum de pulpe à travers un tamis avec une cuillère en bois. Goûtez et ajoutez si nécessaire un peu de sucre, sans oublier que le sorbet au citron va aussi adoucir la boisson. Complétez avec de l'eau pour obtenir en tout 50 cl de liquide.

3 Versez dans des verres larges et ajoutez dans chaque boisson 1 ou 2 cuillerées de sorbet. Laissez fondre un peu avant de boire.

In the Mood

1/2 melon charentais
1 grosse orange
1 banane
2 figues

1 Sans le peler, coupez le melon en morceaux assez petits pour passer dans l'orifice de l'extracteur. Avec un épluche-légumes, ôtez le zeste de l'orange puis coupez le fruit en morceaux. Pelez la banane et tronçonnez-la en 3 ou 4 morceaux.

2 Extrayez ensemble les jus du melon, de l'orange et d'une seule figue. Versez dans le blender, ajoutez la banane et mixez pour obtenir un mélange lisse et homogène.

3 Versez dans des verres. Coupez la figue restante en tranches fines pour en décorer les verres.

Panthère rose

700 g de melon charentais
8 litchis
175 g de fraises
175 g de framboises

1 Coupez le melon en morceaux en laissant la peau et les pépins. Pelez et dénoyautez les litchis. Coupez les fraises en deux sans les équeuter.

2 Passez tous les fruits à la centrifugeuse pour en extraire le jus. Versez dans des verres et servez.

Thé chaud épicé à l'orange

1 gros citron
1 grosse orange
85 cl d'eau
4 ou 5 clous de girofle
1 bâton de cannelle
3 sachets de thé vert
miel ou sucre à volonté
bâtonnets de cannelle
rondelles d'orange

1 Pressez séparément le citron et l'orange. Vous devriez obtenir environ 3 cuillerées à soupe de jus de citron et 6 cuillerées à soupe de jus d'orange.

2 Placez l'eau, les clous de girofle et la cannelle dans une casserole et portez à ébullition. Retirez du feu, laissez reposer 1 minute, puis ajoutez les sachets de thé, Laissez infuser 5 minutes.

3 Retirez les sachets de thé et ajoutez éventuellement sucre ou miel pour adoucir. Incorporez le jus des agrumes et réchauffez doucement. Servez avec des bâtonnets de cannelle et des rondelles d'orange.

CORDIAL DÉLASSANT

2 pommes
350 g de prunes
100 g de mûres

POUR SERVIR
lamelles de pomme émincées en julienne

1 Équeutez les pommes et coupez-les en quartiers. Équeutez les prunes, ouvrez-les et dénoyautez-les.

2 Mettez les pommes, les prunes et les mûres dans une centrifugeuse pour en extraire le jus.

3 Versez dans des verres et servez garni de julienne de pomme.

Bleu épices

1 orange pelée
3 poignées de myrtilles
1 pomme évidée
et coupée en quartiers
1 pincée de noix de muscade râpée
1 pincée de cannelle moulue

1 Passez l'orange, les myrtilles et la pomme à la centrifugeuse pour en extraire le jus.

2 Incorporez la muscade rapée et la cannelle moulue. Servez dans des verres.

FESTIFS ET GOURMANDS

FRAÎCHEUR MALIBU

1/2 ananas pelé
1 cuill. à soupe d'amandes en poudre
2 cuill. à soupe de lait de coco
3 glaçons

1 Passez l'ananas à la centrifugeuse pour en extraire le jus.

2 Incorporez les amandes en poudre et le lait de coco. Versez sur les glaçons.

BULLES DE RAISIN

1 grappe de raisin blanc égrenée
1 cuill. à café d'extrait de sureau
18 cl d'eau gazeuse
3 glaçons

1 Extrayez le jus des raisins.

2 Ajoutez l'extrait de sureau, délayez le mélange dans l'eau servez sur les glaçons.

PASSION PÊCHES

2 pêches dénoyautées
8 feuilles de menthe fraîches hachées
la chair de 2 fruits de la Passion
4 glaçons

POUR SERVIR
brins de menthe fraîche

1 Mettez les pêches et la menthe dans la centrifugeuse pour en extraire le jus.

2 Incorporez la chair des fruits de la Passion et versez sur les glaçons. Servez décoré de brins de menthe.

Mangue lascive

la chair de 1 mangue
pelée et dénoyautée
1 pomme évidée
et coupée en quartiers
1/2 tige de citronnelle
nettoyée et hachée
1/2 cm de gingembre frais pelé

POUR SERVIR
fines lamelles de mangue

1 Mettez la mangue, la pomme, la citronnelle et le gingembre dans une centrifugeuse pour en extraire le jus.

2 Versez dans des verres et décorez d'une lamelle de mangue.

FRAMBOISES ÉLECTRIQUES

3 poignées de framboises
1 citron vert pelé
2 oranges pelées
6 feuilles de menthe fraîche
3 glaçons

1 Extrayez ensemble le jus des framboises, du citron vert et de l'orange.

2 Ciselez la menthe et incorporez-la au jus obtenu. Versez sur les glaçons.

Fashion fraises

2 poignées de fraises équeutées
2 cuill. à café de vinaigre balsamique
8 cl de crème fraîche
miel selon votre goût
1 ou 2 glaçons

1 Mixez les fraises en purée lisse.

2 Incorporez le vinaigre et la crème, puis sucrez à votre goût avec le miel. Servez sur les glaçons.

Virgin Mary

glaçons
1 boîte de jus de tomates
2 cuill. à soupe de jus de citron frais
2 giclées de sauce Worcestershire
2 gouttes de Tabasco
1 pincée de sel de céleri
sel et poivre
1 tige de céleri

1 Placez quelques glaçons dans un shaker, puis ajoutez le reste des ingrédients. Agitez vigoureusement.

2 Versez dans un verre à whisky et décorez avec la tige de céleri qui servira d'agitateur.

BANANA BOMB

1 banane mûre
1 œuf entier
1 cuill. à soupe de miel liquide
lait entier

1 Coupez la banane en grosses tranches et placez-la dans le blender. Ajoutez l'œuf, le miel et assez de lait pour remplir un verre. Mixez pour obtenir la consistance d'un milk-shake.

2 Servez dans un verre à cocktail. L'œuf cru peut être supprimé pour ceux qui ne souhaitent ou ne doivent pas en consommer, mais cela réduit la richesse de la boisson.

Gazouillis cranberries

glace pilée
1 portion de jus de cranberries
1 portion de jus de citron frais
1 portion d'eau gazeuse

POUR SERVIR
1 rondelle de citron

1 Remplissez un grand verre de glace pilée. Versez les jus de cranberries et de citron, puis complétez avec l'eau gazeuse.

2 Remuez délicatement et décorez d'une rondelle de citron.

GINGEMBRE BOOSTER

glace pilée
1 portion de jus d'orange frais
1 portion de jus de pamplemousse frais
1 portion de jus de cranberries
2 cuill. à café de confiture
de gingembre
1/2 cuill. à café de gingembre
en poudre ou frais râpé

POUR SERVIR
1 rondelle d'orange

1 Mettez de la glace pilée dans un shaker, puis ajoutez le reste des ingrédients.

2 Agitez vigoureusement, versez dans un grand verre et garnissez d'une rondelle d'orange.

FRAÎCHEUR DES TROPIQUES

glace pilée
4 portions de jus d'ananas
2 portions de jus d'orange frais
1 portion de jus ou de liqueur de fruit de la Passion
1 portion de lait de coco

POUR SERVIR
1 tranche d'ananas

1 Mettez de la glace pilée dans un shaker, puis ajoutez le reste des ingrédients.

2 Agitez vigoureusement, versez dans un grand verre et décorez d'une tranche d'ananas.

PARFUM DE PARADIS

8 litchis
1 cuill. à café d'eau de rose
2 ou 3 glaçons
1 cuill. à café de sirop de grenadine

1 Mixez les litchis avec l'eau de rose et les glaçons.

2 Incorporez la grenadine.

Fantasia

6 fraises rincées et équeutées
1 tranche de melon de Cavaillon pelé
1 portion de jus d'orange frais
1 portion de jus d'ananas

POUR SERVIR
1 portion de glace pilée
1 petite tranche d'ananas

1 Mettez 5 fraises et la tranche de melon dans le blender, versez les jus d'orange et d'ananas, puis mixez le tout en un mélange lisse et homogène.

2 Remplissez le verre de glace pilée et versez le mélange dessus. Garnissez avec la fraise restante coupée en deux et la tranche d'ananas.

Passion

1 banane
le jus de 1 orange mélangé à la même quantité de jus de mangue
2 cuill. à dessert de pulpe de fruit de la Passion
glaçons

POUR SERVIR
cerise au marasquin ou confite

1 Coupez la banane en morceaux et placez-la dans le blender.

2 Ajoutez le mélange de jus orange-mangue et mixez environ 10 secondes.

3 Remplissez de glaçons un verre à cocktail et versez le jus dessus. Décorez avec une cerise.

Surfers' Paradise

glace pilée
le jus de 1 citron vert
2 doigts d'angustura
limonade

POUR SERVIR
1 rondelle de citron vert

1 Placez dans un grand verre 1 cuillerée à soupe de glace pilée. Versez le jus de citron vert, l'angustura et la limonade.

2 Remuez délicatement et décorez d'une rondelle de citron vert.

VIF ARGENT

1 blanc d'œuf
glaçons
le jus de 1 gros citron
le même volume de jus épais
ou de nectar d'abricot
1 cuill. à soupe de sucre en poudre
eau gazeuse

POUR SERVIR
2 tranches de pomme granny-smith

1 Placez 4 glaçons dans un shaker, puis ajoutez le blanc d'œuf, le jus de citron et le nectar d'abricot.

2 Sucrez à votre convenance et remuez vigoureusement pendant 10 secondes. Versez dans un verre à vin et complétez avec l'eau gazeuse.

3 Remuez délicatement. Pour servir, placez les 2 tranches de pommes à cheval sur le bord du verre.

Zéphyr des îles

glaçons
1 portion de jus de cranberries
1 portion de jus de pamplemousse

1 Remplissez un verre à cocktail de glaçons.

2 Versez les jus des cranberries et de pamplemousse sur la glace, mélangez délicatement.

3 Servez immédiatement.

Fraîcheur australienne

glaçons
1 portion de jus d'ananas
en conserve
1 portion de jus d'orange frais
1/2 portion de crème de coco
1 mesure (environ 4 cl)
de sirop de sucre

POUR SERVIR
tranches d'ananas
cerises confites ou au marasquin

1 Placez 6 glaçons dans un shaker, ajoutez les jus d'orange et d'ananas, la crème de coco et le sirop de sucre. Agitez vigoureusement.

2 Versez dans un grand verre et décorez d'une cerise et de quartiers d'ananas enfilés sur une pique à cocktail.

Bulles aux raisins

2 grains de raisin blanc
2 grains de raisin rouge
jus de citron frais
jus de raisin blanc pétillant
bien frappé

1 Enfilez les grains de raisin blanc et rouge en alternance sur une grande pique à cocktail (ou une mini-brochette en bois) que vous placez debout dans une flûte à champagne.

2 Pressez un peu de jus de citron dessus et remplissez le verre de pétillant de raisin.

Ananas au raisin

glaçons
1 jaune d'œuf
1 cuill. à café de sucre en poudre
1 portion de jus d'ananas
2 portions de jus de raisin rouge

POUR SERVIR
noix de muscade

1 Placez 5 ou 6 glaçons dans un shaker, puis ajoutez le jaune d'œuf, le sucre et les jus d'ananas et de raisin.

2 Agitez vigoureusement. Versez dans un grand verre à vin.

3 Râpez un peu de noix de muscade sur le cocktail et servez.

Fungria

jus de citron
sucre en poudre
glaçons
1 portion de jus d'orange frais
1 portion de jus de raisin rouge frais
1 bonne dose de jus de citron

POUR SERVIR
zeste d'orange
1 rondelle de citron

1 Mouillez de jus de citron le bord supérieur d'un grand verre à vin que vous retournez ensuite dans le sucre étalé sur une soucoupe.

2 Placez 4 glaçons dans un shaker, puis ajoutez les jus d'orange, de raisin et de citron.

3 Agitez vigoureusement et versez dans le verre décoré. Garnissez de fines lamelles de zeste d'orange et de la rondelle de citron coupée en deux.

Cendrillon

glaçons
1 portion de jus d'ananas
1 portion de jus de citron frais
1 portion de jus d'orange frais
sirop de grenadine
eau gazeuse

POUR SERVIR
quartier d'ananas

1 Placez 5 ou 6 glaçons dans un shaker. Ajoutez les jus d'ananas, d'orange et de citron, ainsi que la grenadine.

2 Agitez vigoureusement pour bien mélanger et versez dans un verre haut.

3 Complétez avec de l'eau gazeuse et décorez d'un quartier d'ananas.

Soda d'été

le jus de 1 orange
le jus de 1 citron
le jus de 1 pamplemousse
glaçons
eau gazeuse
1 boule de glace à la vanille

POUR SERVIR
cerise glacée

1 Placez les jus d'orange, de citron et de pamplemousse dans un shaker avec 5 ou 6 glaçons. Agitez bien.

2 Versez ce mélange dans un verre à cocktail jusqu'à mi-hauteur. Complétez avec de l'eau gazeuse, puis ajoutez la boule de glace à la vanille. Surmontez d'une cerise et servez avec une cuillère à long manche.

Hélène de Troie

glace pilée
4 portions de jus de pêche
2 portions de jus d'orange frais
1 portion de jus de citron frais
eau gazeuse

POUR SERVIR
rondelles de fruits ou cerises dénoyautées

1 Placez 1 cuillerée de glace pilée dans un shaker, puis ajoutez les jus de pêche, d'orange et de citron.

2 Agitez vigoureusement et versez dans un grand verre à vin.

3 Complétez avec de l'eau gazeuse, puis décorez de rondelles de fruit ou de cerises enfilées sur une pique à cocktail.

Romance des îles

1 tranche de melon charentais bien mûr
glace pilée
le jus de 1 grosse orange
le même volume de lait de coco
le même volume de jus de mangue
1 cuill. à soupe de crème fouettée

1 Pelez le melon et coupez-le en morceaux que vous placez dans le blender avec une cuillère de crème fouettée. Mixez en un mélange lisse et homogène. Versez dans une flute à champagne jusqu'au tiers de sa hauteur.

2 En essayant de former des couches distinctes, versez délicatement le lait de coco sur la base au melon, puis les jus de mangue et d'orange.

3 Surmontez de crème fouettée et servez.

Joyeuses prunes

2 grosses prunes très mûres
glace pilée
le jus de 1/2 citron
2 cuill. à soupe de sirop de sucre
2 cuill. à soupe de confiture de prunes
bitter tonic (boisson pétillante amère)

1 Épluchez les prunes et coupez-les en petits morceaux.

2 Placez-les dans le blender avec 1 grosse cuillerée de glace pilée et 2 cuillerées d'eau froide. Ajoutez le jus de citron, le sirop de sucre et la confiture, puis mixez en purée lisse et homogène.

3 Versez dans un verre haut et complétez avec du tonic. Remuez délicatement pour mélanger et servez.

INDEX DES RECETTES PAR ORDRE ALPHABÉTIQUE

TABLE DES ÉQUIVALENCES FRANCE-CANADA

Poids	55 g	100 g	150 g	200 g	250 g	300 g	500 g	750 g	1 kg
	2 onces	3,5 onces	5 onces	7 onces	9 onces	11 onces	18 onces	27 onces	36 onces

Ces équivalences permettent de calculer le poids à quelques grammes près (en réalité, 1 once = 28 g).

Capacités	5 cl	10 cl	15 cl	20 cl	25 cl	50 cl	75 cl
	2 onces	3,5 onces	5 onces	7 onces	9 onces	17 onces	26 onces

Pour faciliter la mesure des capacités, une tasse équivaut ici à 25 cl (en réalité, 1 tasse = 8 onces = 23 cl).

PAPIER À BASE DE FIBRES CERTIFIÉES

LAROUSSE s'engage pour l'environnement en réduisant l'empreinte carbone de ses livres. Celle de cet exemplaire est de :
950 g éq. CO_2
Rendez-vous sur www.larousse-durable.fr

Édition originale
Première publication en 2009 par New Holland Publishers (GB Ltd) Londres Capes Town Sydney Auckland Garfield House 86-88 Edgware Road London W2 2EA.

Édition française
Direction de la publication : Isabelle Jeuge-Maynart et Ghislaine Stora
Direction éditoriale : Agnès Busière
Édition : Marion Dellapina
Informatique éditoriale : Philippe Cazabet
Mise en page : Nord Compo
Couverture : Véronique Laporte

ISBN : 978-2-03-592622-7

Imprimé en Espagne par Unigraf S.L.
317634/02 – 11034396 – novembre 2016
Dépôt légal : février 2016